Liebe Leserin, lieber Leser

72 Seiten, 5702 Wörter, 30468 Zeichen: So präsentiert sich die Statistik der 36 Kalenderblätter, die Sie in den Händen halten. Sie können es nachzählen oder einfach darauf zählen, dass es stimmt.

23 Tage bis Weihnachten, 30 Tage bis zum Jahresende: Zahlen gehören zur Natur eines Kalenders, ganz besonders auch eines Adventskalenders. Sie ordnen die Tage, geben dem Warten auf Weihnachten eine zeitliche Struktur. Aber von einem Adventskalender erwarten wir mehr als nur Zahlen, die jeder andere Kalender auch bieten würde. Vielleicht verbirgt sich hinter den Zahlen eine Schokolade, vielleicht ein Bild.

Auf den folgenden Seiten erwarten Sie Gedichte, Gebete und Geschichten, Worte, die Sie gewissermassen an die Hand nehmen und zu Weihnachten hinführen. Sie ordnen die Gedanken und Vorstellungen, die Befürchtungen und Ärgernisse, Wünsche und Sehnsüchte und geben ihnen Gestalt. Hier beginnt das Erzählen. Manchmal bringt es unsere Ordnung aber auch durcheinander, unsere Vorstellungen von dem, was zählt und worauf wir zählen können.

Ihnen wünschen wir viel Freude mit dem Kalender, schöne Weihnachten und eine gute Ankunft im 2013.

2.

Dezember
1. Advent

*I*ch wollte zu dir beten, mein Gott, wollte dich um einen Gefallen bitten.
Um den sechsten Sinn wollte ich dich bitten, um den siebten sogar,
und dann um sieben Leben, katzengleich.
Doch ich habe gestockt, habe abgebrochen, mitten im Satz.
Jetzt bete ich erneut. Und danke dir für die fünf Sinne, die ich habe,
und für das eine Leben.
Jetzt bitte ich dich darum, meine Sinne zu schärfen.
Und darum, dass das eine Leben gelingt.

Dreiklang – ein Akkord	oder	Dreiklang – **Töne, die miteinander klingen**
Trilogie – **eine Geschichte**		Trilogie – **Bücher, die zusammengehören**
Triptychon – **ein Altar**		Triptychon – **Bilder, die gemeinsam etwas erzählen**
Trinität – **eine Gottheit**		Trinität – **die gesellige Gottheit**

ZÄHLEN, so erfahre ich im Wörterbuch der Gebrüder Grimm, sei das Bewirkungswort (!) zum althochdeutschen *zala* und bedeute berichten, darlegen, erzählen. So zählt *(zellit)* der Physiologus von den drei Geschlechtern der Ameisen, ein anderer will seiner Geliebten etwas zählen *(zelen)*, um sie ihren Kummer vergessen zu lassen, und der Engel zählt *(zelit)* den drei Weisen im Traum den Weg, den sie nehmen sollen. Im älteren Neuhochdeutsch setzt sich schon die Form *verzeln, vertellen* durch, aber es gibt auch noch *zellen* oder *tellen* für erzählen. Wenn dann einer *heimeilt, um die ganze summe seiner freuden vom gesicht der tochter herunter zu zählen,* mutet mich das schon etwas seltsam an.

In einer weiteren Bedeutung heisse zählen allgemein *mit Zahlen hantieren,* was durch das Beispiel *er zählets an den fingeren* recht anschaulich wird. Narren können nicht bis fünf zählen und wer sogar nicht bis drei zählen kann, stellt sich vermutlich extra dumm. Dinge, von denen es wenige gibt, kann man an den Fingern abzählen. *«Kann man von Dingen, die einzig sind, sagen, dass sie sich an der Nase zählen lassen?»,* fragt Lessing. *«Sihe gen himel und zele die sterne, kanstu sie zelen?»,* fragt Gott Abraham. Und der Psalmist klagt, dass Gottes Gedanken mehr seien als der Sand und er sie nicht zählen könne. Da erreicht das Hantieren mit Zahlen seine obere Grenze, was bleibt, ist das Erzählen.

Auch im «freieren Sinne» wird zählen gebraucht. Da kann einer *seine noht kaum zählen,* und wenn es von den Küssen heisst, sie würden *gezählet,* dann sind es wohl seltene Einzelexemplare. *Die art der Italiäner die uhr zu zählen* scheint sich von der deutschen zu unterscheiden und bei besonders heftigem Verlangen zählt man Tag und Stunde, Schlaflose zählen gar Viertelstunden, überhaupt wird die Zeit reichlich gezählt, obwohl sie doch mindestens so unendlich ist wie Sand und Sterne. Eine junge Frau zählt 16 Jahre und wenn ihre Tage gezählt sind, wird sie nicht mehr lange leben. Sich selbst kann man für zugehörig halten oder eben nicht, *drum darf sich keiner auf der welt zu den gerechten zählen.* Andere hält man für beachtenswert, wenn man sie zählt: *einzelne wenige zählen, die übrigen alle sind blinde nummern.*

In neuerer Sprache (zur Zeit der Grimms!) kommt häufig die Wendung vor, auf jemand oder etwas zählen. Bei Goethe zählen die Götter auf die Menschen, Schillers Tell stellt fest, dass jeder nur auf sich selbst zähle, junge Männer zählen auf das Glück und Unglückliche auf einen Beistand.

Zählen, das merke ich mehr und mehr, hat also mit erzählen, wertschätzen, dazugehören, einschätzen, sich verlassen auf und, ja auch irgendwo mit dem zu tun, was ich, Kind des 20. Jahrhunderts, mir immer unter zählen vorgestellt habe.
In einem Eintrag auf Wikipedia steht lediglich: Zählen bezeichnet das sukzessive Aufsagen der Zahlwörter: «eins», «zwei», «drei», «vier», «fünf», «sechs», «sieben», «acht», «neun», «zehn», «elf», «zwölf», «dreizehn» ...
Da lob ich mir doch die Gebrüder Grimm!

4.
Dezember

Eigentlich ging es nur um Zahlen. Ich brauchte Geld für Reitstunden und gab deshalb Mathematiknachhilfe. Mathematik fiel mir leicht, Zahlen sind ein bisschen langweilig, aber eindeutig und darum einfach. Das fand ich schon damals, mit 16. Drei Nachhilfestunden gaben das Geld für eine Reitstunde, das Fahrgeld übernahmen meine Eltern.

Caroline, die zu mir in die Nachhilfe kam, konnte wunderbar rechnen. Sie hatte kein Problem mit Zahlen. Eher mit Textaufgaben. Aber eigentlich hatte sie ein Problem mit ihrer Familie, über die ärgerte sie sich, besonders über den Bruder, der in derselben Klasse war und in Mathe immer gute Noten schrieb. Diesen Ärger begann sie ziemlich schnell zu erzählen. Er war entsetzlich, dieser Bruder. Mir fiel nicht viel dazu ein und so liess ich sie reden. Gegen Ende der Stunde machten wir dann noch ein, zwei Aufgaben, damit die

Mutter sehen konnte, dass wir wirklich etwas machten und nicht nur schwatzten. Nachdem sie sich ihren Ärger von der Seele geredet hatte, waren auch die Textaufgaben kein Problem mehr. Caroline wurde ziemlich bald besser in Mathe. Pech für die Nachhilfelehrerin: Nach einem Dreivierteljahr fanden die Eltern, die Nachhilfe sei nicht mehr nötig.

Die Mutter bedankte sich überschwänglich, ich wurde zum Tee eingeladen. Ich verschwieg, dass es die ganze Zeit ums Erzählen gegangen war und nicht um Zahlen. Zum Dank bekam ich ein Buch. Montauk von Max Frisch. Ich verstand das Buch so wenig wie den Titel. Wörter, Sätze sind eben komplizierter.

5.
Dezember

Ich führe meinen Finger zur 6 auf der Tastatur meines Computers. Diese Taste lässt sich nicht gleich betätigen wie die anderen. Die Hemmung ist keine mechanische. Es ist nicht die Hardware, sondern meine Software. Die 4, die 9 sind völlig unverfänglich, lassen sich bedenkenlos berühren. Die 6 an sich auch: eine unter zehn kühlen Ziffern, zehn gleichen Tasten. Aber die 6 ist klanglich reizvoll nahe an dem anderen Wort, das überall unter der nüchternen Oberfläche des Alltags liegt, durch sie hindurchschimmert wie durch dünnes Eis und an Wärme, Hitze, Feuer erinnert. Teuflische Leidenschaft! Himmlisch schön! Mein Finger liegt einen Moment lang vibrierend auf der 6, bevor ich den Adventstext weiterschreibe.

Ich habe zuweilen einen abgründigen Hass auf die Zahl. Sie ist die absurdeste Fälschung der «Wirklichkeit», die dem Menschen wohl je gelungen ist, und doch baut sich auf ihr «unsere ganze heutige Welt» auf.

Christian Morgenstern

7.
Dezember

Ich liebe meinen wohlgeformten Körper, so ohne Anfang und Ende, einfach formvollendet, mit einem gewissen Schwung. Meine Kolleginnen meinen, ich hätte etwas Weibliches an mir, wegen meiner Rundungen und so, beinahe schon mütterlich. Ich weiss nicht recht, was ich davon halten soll. Manchmal ärgert mich auch, dass man immer einen Stempel aufgedrückt bekommt, dass alles messbar, eindeutig sein muss. Was die wenigsten vermuten: In mir schlummert ungeahntes Potenzial. Wenn ich mich zur Ruhe lege, steigt mein Wert ins Unermessliche. Schön, nicht?

Am 8. Dezember feiern wir Mariä Empfängnis.

8.
Dezember

Morgenlicht

ganz seiden
noch ist es still und die spuren der nacht weiss und voller reif
wind drückt den rauch auf die dächer hinunter
der nachbarsbub geht seinem bewegungsdrang nach
deine stimme wünscht mir einen guten tag
taut mich auf, wärmt mein herz
erhellt den tag

danke für reif, rauch und stimme
den neuen schwung
den hellen tag

9.

Dezember
2. Advent

Sechs Flügel haben die Seraphim – nicht nur zwei

2009 war ich in einer Exerzitien-Woche im Kloster Müstair. Wir hatten die Gelegenheit zu einem Ausflug ins nahegelegene Benediktiner-Kloster Marienberg im Vinschgau/Italien. In der dortigen Krypta nahmen wir an einem Frühgottesdienst teil. Mitten in den Gebeten betrachtete ich die unvergleichlich schönen Fresken an den Wänden und verlor mich im Schauen: viele blaue sechsflüglige Seraphim – leichtflüssige romanische Gestalten mit grossen Augen.

Diese Eindrücke bewahrte ich in meinem Inneren auf und rief sie während einer angsterfüllten Nacht im Kloster Müstair – ich wohnte in der Klausur – ab. Ich bat und betete innig um die Präsenz eines sechsflügligen Engels. Zwei Flügel wären mir zu wenig gewesen – es mussten sechs sein: je einer links und rechts vom Bett, an meinem Kopf und bei meinen Füssen je einer, sowie – fast das Wichtigste! – über mir und unter mir. Ja, unter dem Bett.

In meiner Vorstellung konnte ich dank dieser Seraphim in einer Nacht der schrecklichen Erinnerungen und der Ängste eine Art Schutzkreis um mich bilden. Ich schlief zwar nicht, doch verging und erstarrte ich auch nicht vor Kummer. Solche Nächte hab ich in meinem Leben nicht viele bestehen müssen, aber doch einige. Ich bin froh, dass mir die Erinnerung an die sechsflügligen Wesen und mein Rufen zu ihnen geholfen haben. In grosser Dankbarkeit denke ich daran zurück.

10.
Dezember

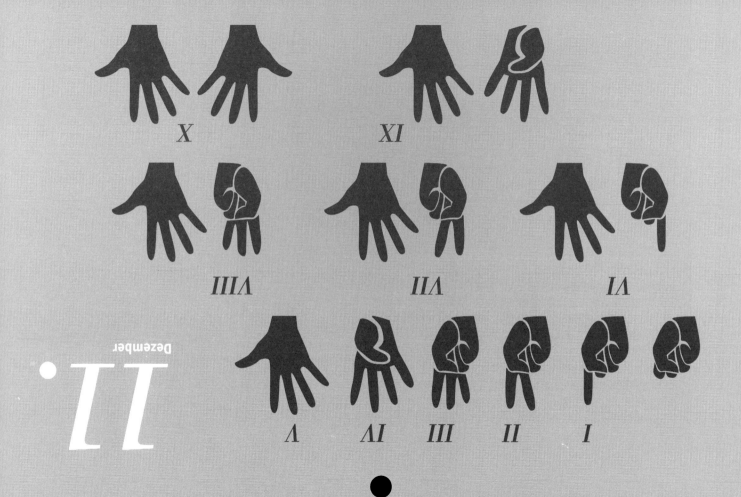

Nie ist zählen schöner

Mit dem Zählen fangen wir ziemlich früh an. Wir nehmen die Finger zu Hilfe, bald können wir bis drei zählen, dann bis hundert, und eigentlich hört es nie mehr auf: Wir zählen Kaugummi und Liegestützen, wir zählen Sammelbildchen, beste Freundinnen und verflossene Liebhaber. Geizige zählen ihr Geld und Pedanten noch die letzte Erbse, Schlaflose zählen Schafe und Linienbewusste Kalorien. Und nebenher zählen wir Dinge, bei denen nicht wirklich klar ist, weshalb wir sie überhaupt zählen, Strassenlaternen auf dem Weg zur Tramhaltestelle etwa oder die Anzahl Kochbücher im Regal. Nie hat man ausgezählt, immer gibt es etwas Neues, das gezählt sein will. Und damit wir nicht alles selber zählen müssen, erfinden wir allerhand Geräte, die das für uns erledigen: Schrittzähler, Stromzähler, Tropfenzähler.

Bloss: Das, was im Leben wirklich zählt, das können wir damit nicht einholen. Dass das Leben eines Menschen mehr zählt als seine Leistung zum Beispiel oder dass man sich auf jemanden verlassen, dass man auf jemanden zählen kann: Das sind Dinge, für die es keinen Zahlenwert gibt. Und manchmal, ach, da sind wir von jemandem so hingerissen, dass neben ihr oder ihm nichts anderes mehr zählt. Aber selbst dann zählen wir noch, die Tage oder die Stunden nämlich, bis wir uns – endlich! – wiedersehen. Wir zählen dann rückwärts, ein Countdown ist das, und die Häufigkeit, mit der wir die noch verbleibenden Stunden zählen, wird zum Mass der Sehnsucht. Nie ist zählen schöner. Mit dem Advent verhält es sich ähnlich: Besonders bei Kindern, die jeden Tag ein Türchen des Adventskalenders öffnen und sich darauf freuen, dass es bald so weit ist.

Weisst du, wie viel Sternlein stehen
an dem blauen Himmelszelt?
Weisst du, wie viel Wolken gehen
weithin über alle Welt?
Gott, der Herr, hat sie gezählet,
dass ihm auch nicht eines fehlet
an der ganzen grossen Zahl,
an der ganzen grossen Zahl.

Weisst du, wie viel Mücklein spielen
in der heissen Sonnenglut,
wie viel Fischlein auch sich kühlen
in der hellen Wasserflut?
Gott, der Herr, rief sie mit Namen,
dass sie all ins Leben kamen,
dass sie nun so fröhlich sind,
dass sie nun so fröhlich sind.

Weisst du, wie viel Kinder frühe
stehn aus ihrem Bettlein auf,
dass sie ohne Sorg und Mühe
fröhlich sind im Tageslauf?
Gott im Himmel hat an allen
seine Lust, sein Wohlgefallen,
kennt auch dich und hat dich lieb,
kennt auch dich und hat dich lieb.

Mit diesem Lied verbinden mich Erinnerungen. Abendrituale, Zubettgehrituale. Sommer und Winter. Geborgenheit zwischen Fischen, Mücken und Himmel.

Das letzte Mal habe ich das Lied mit der Gemeinde in einer Vesper in der Leonhardskirche gesungen. Es rührte die Besucherinnen an. Die Sprache, das Gottesbild und die Melodie sind ein bisschen «old fashioned». Und doch erreicht das Lied unsere Kinderseele. Es beschwört Bilder herauf vom Sternenhimmel in kalten, frostigen Nächten oder im Hochsommer und das Staunen über die Ausmasse des Universums, die Lichtjahre, die Unendlichkeit. Und in all dem sind wir: lebendige Wesen, die wieder zu Sternenstaub werden.

13.
Dezember

Warten auf das grosse Leuchten

Er liegt einige tausend Lichtjahre von der Erde entfernt, ist 100 bis 150 Mal schwerer als die Sonne und übersteigt deren Leuchtkraft um das Fünfmillionenfache: der Riesenstern Eta Carinae. Mit den Weltraumteleskopen Hubble und Chandra konnten neue Aufnahmen dieses mysteriösen Sterns gemacht werden. Über seine «nahe» Zukunft, die sich laut Wissenschaftlern in zehn Minuten oder erst in 1000 Jahren ereignen wird, kann nur spekuliert werden. Wegen seiner riesigen Masse ist er jedoch so instabil, dass bereits kleinste Störungen gewaltige Eruptionen hervorrufen können. So geschehen bereits im Jahr 1840, als er ein gigantisches Feuerwerk entfachte und sich neben Sirius als zweithellster Punkt am Nachthimmel zeigte. Andere Sterne wären bei einem solchen Ausbruch auseinandergerissen worden, doch Eta Carinae hat irgendwie überlebt. Es ist jedoch ein Überleben auf Zeit. Der Stern befindet sich in einem explosiven Umfeld oder, in astronomischen Dimensionen ausgedrückt, gerade um die Ecke der kürzlich entdeckten Supernova SN2006gy, der hellsten je beobachteten Sternenexplosion. Auch unser Riesenstern könnte eines Tages explodieren und dabei eine Strahlkraft entwickeln, die der des Mondes gleichkäme. Unter Umständen würde er dabei sein Leben aushauchen und als Supernova untergehen – in der nahen Zukunft des Universums.

Ein Tag ist beim Herrn wie tausend Jahre.

So heisst es an verschiedenen Stellen in der Bibel. Menschliche Zeit und göttliche Zeit hätten ein unterschiedliches Mass. Unvergleichbar seien sie. Unvergleichbar grösser als unsere Jahrtausende seien Gottes Tage.

Paradoxerweise haben gerade solche allgemeinen Formulierungen Anlass zu Kalkulationen über den Plan Gottes mit der Welt gegeben. In dunkeln, bedrohlichen Zeiten entstand das Bedürfnis, das Ende der Dunkelheit und Bedrohung anzusagen und in der konkreten Zukunft zu verorten: Es werde anders kommen, als es ist. Dann und dann werde Christus wiederkommen, werde sich der grosse, endgültige Kampf zwischen Licht und Finsternis ereignen, werde die böse Welt untergehen, werde das Jüngste Gericht ewige Gerechtigkeit sprechen. Diese dramatischen Weltuntergangsszenarien mit kalendarischer Datierung dürfen als eine literarische Verarbeitung erlebter Gewalt verstanden werden: Gottes Gewalt würde sich gegen die menschliche durchsetzen – es werde anders kommen, als es ist. Das ist verständlich. Schwerer verständlich ist, dass gegenwärtig auch bei uns so viel über den Weltuntergang spekuliert wird: 2012 hätte es ja schon wieder einmal so weit sein sollen ...

Leben

Ich schreibe keine Geschäftsbriefe,
ich beharre nicht auf dem Termin
und bitte nicht um Aufschub.
Ich schreibe Gedichte.

Ich schreibe Gedichte auf den Rummelplätzen,
in Museen, Kasernen und Zoologischen Gärten.
Ich schreibe überall,
wo Menschen und Tiere sich ähnlich werden.

Viele Gedichte habe ich den Bäumen gewidmet.
Sie wuchsen darob in den Himmel.
Soll einer kommen und sagen,
diese Bäume seien nicht in den Himmel gewachsen.

Dem Tod keine Zeile bisher.
Ich wiege achtzig Kilo, und das Leben ist mächtig.
Zu einer anderen Zeit wird er kommen und fragen,
wie es sei mit uns beiden.

Rainer Brambach

15.
Dezember

Allen Trost zähle ich mir auf
die sieben Farben des Lichts mit ihrem Leuchten
die vier Winde mit ihrer Frische
und die vier Jahreszeiten, die mich Vertrauen lehren
mit ihrem Kommen und Gehen
die sieben Tage der Woche

16.
Dezember
3. Advent

Heute ist Sonntag
in mir ist es dunkel, verstaubt und ängstlich
ich sitze zu Hause,
die Fensterläden sind zu,
dem Telefon ist das Kabel gezogen und
das Radio bleibt aus.

Ich zähle mir allen Trost auf.
Den einen Grund, der mich trägt
und siebzehn Knöpfe im Netz der Liebe,
neun Sorten Gutzi
wollte ich backen.

Lass mich heute beten
mit Zucker und Mandeln
und dann
die Fenster öffnen
für Winde und Farben.

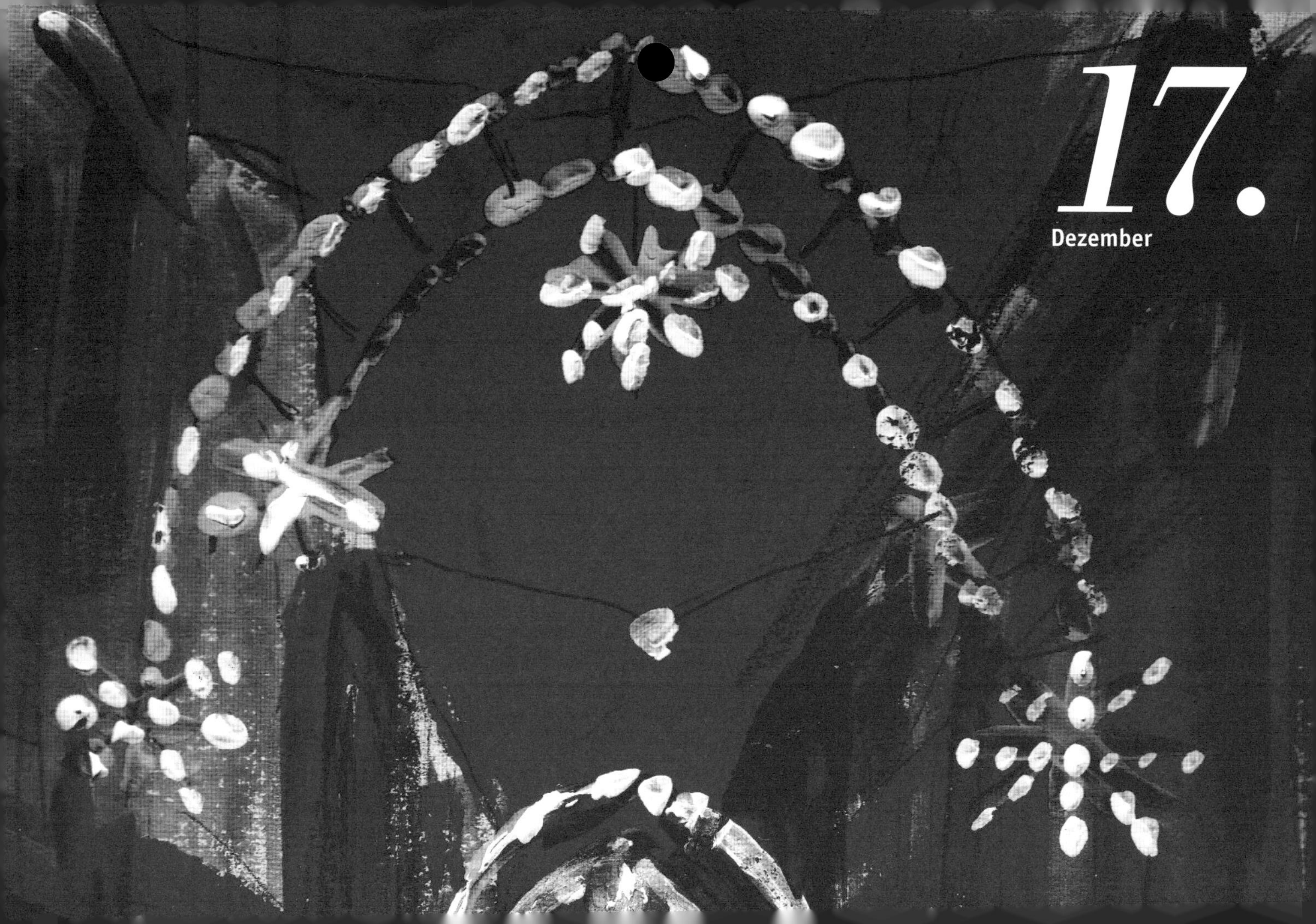
17.
Dezember

Damals, 2012, glaubten die Menschen noch, sie würden Weihnachten am 25. Dezember zuhause in der Familie feiern. Dabei war es doch schon damals nicht mehr so. Weihnachten endete am 24. Dezember bei Ladenschluss. Was folgte, war ein Abspulen zwanghafter Riten: Gaben überreichen, Gaben auspacken, Beglückung zeigen, freundliche Gesichter, Alkohol macht das Gespräch etwas leichter, Langeweile macht sich breit und breiter, sie wird unter Bergen geräucherten Lachses begraben.

Das eigentliche Weihnachtsfest ereignete sich ab Anfang November in den Geschäften, Katalogen und zunehmend auf dem Internet. Nicht beim Schenken, sondern beim Kaufen der Geschenke erlebten die Menschen Freude und Glück. Echte Weihnachtsfreude zeigte sich beim Shoppen: Hier wurde Begeisterung spürbar, wenn Weihnachten in die Taschen gepackt wurde. Hier berauschte die Weihnachtsmusik wirklich, hier kam Stimmung auf, hier herrschte ein Geist der Grenzenlosigkeit und Allverbundenheit. Hier konnte sorgenfrei, mit wirklich guten Gefühlen an Tante X und Enkel Y gedacht werden. Am Weihnachtsmarkt ging nichts schief, niemand war missmutig oder es fiel zumindest nicht auf. Hier sah man die Augen der Kinder wirklich leuchten.

Warum die Menschen sich wohl noch so lange der Vorstellung hingaben, sie würden Weihnachten am 25. Dezember zuhause feiern? Dabei wussten sie es doch schon besser.

10 Fragen im Advent:

1. Sollen wir Hans einladen?
2. Wer kommt sonst noch?
3. Gehen wir diesmal ins Weihnachtskonzert?
4. Karpfen oder Rollschinkli?
5. Wer besorgt den Weihnachtsbaum?
6. Haben wir schon alle Geschenke für die Kinder?
7. Schenken wir uns überhaupt etwas?
8. Wo sind die Krippe und der Baumschmuck geblieben?
9. Besorgst du noch Baumkerzen?
10. Wie lange brennt eigentlich eine Baumkerze?

... und weitere 10, über die sich nachdenken liesse:

1. Hat der Advent eine Farbe?
2. Warum sind die Sterne so unordentlich verteilt?
3. Welche Wünsche gehen in Erfüllung?
4. Wie klingt die Stille?
5. Gibt es nichts?
6. Wie lang ist ein Augenblick?
7. Gibt es eine Welt ohne mich?
8. Wem gehört das Meer?
9. Was liegt zwischen den Gedanken?
10. Worauf kann man zählen?

18.
Dezember

Die Unruh in der Uhr

Nicht der Zeiger, der grosse, geschäftig im Rund der Minuten,
nicht der kleine, der das Gängige liebt, die messbare Formel,
auch das Zifferblatt nicht, kein Aushängeschild für time is money,
für Genügsamkeit nicht, für den ruhigen Trott der Gewöhnung,
nein, die Unruh nur in der Uhr, das Zittern im dunklen Gehäuse,
klein und inwendig, wach, in steter Bewegung, durch Unrast
Gleichmass bewahrend, den heimlichen Stachel Erschüttrung, ein
Pulsschlag der Zeit, Geduld in der Ungeduld – wäre ich gern.

Rudolf Otto Wiemer

20.
Dezember

m Buch der Sprüche finden sich eine ganze Menge Zahlensprüche. Die beginnen dann zum Beispiel so: «Sechs Dinge sind es, die die Ewige hasst und sieben verabscheut ihr Inneres ...».

Ja, was nun, denken wir, sind es nun sechs oder sieben? Für die Leute damals war das keine Frage, sie verstanden bei der Einleitung: Da kommen sechs wichtige Dinge, aber das wichtigste ist das letzte, das siebte, das über die sechs hinausgeht, sie überbietet.

«Sechs Dinge sind es, die die Ewige hasst, und sieben verabscheut ihr Inneres:
Stolze Augen, falsche Zunge
und Hände, die das Blut von Unschuldigen vergiessen;
ein Herz, das böse Pläne ausbrütet,
Füsse, die dem Bösen hinterherrennen,
wenn jemand zum Betrug anstiftet,
und zwischen Familiengliedern Streit entfacht.»

Der Spruch ist nicht sehr weihnachtlich.
Oder doch?

Fünf Engel, zwei Wirte und eine Wirtin, ein Esel, fünf Schafe, vier Hunde

Am letzten Schultag vor Weihnachten findet die Weihnachtsfeier statt und dazu gehört nach alter Tradition das Krippenspiel der Zweitklässler. Maja, der Zweitklasslehrerin, graut es schon seit letztem Jahr davor. Bei der ersten Probe zeigt sich, dass viele Kinder die Weihnachtsgeschichte nur rudimentär kennen, auch an das Krippenspiel des vergangenen Jahres erinnern sie sich kaum. «Wir wollen selbst aussuchen, was wir sind», sagen die Kinder. «Gut, aber ihr müsst alle die Geschichte kennen und wir üben die beiden Lieder, die immer zum Krippenspiel gehören.»
«Das Krippenspiel», sagt Maja zu einer Kollegin, «muss einfach einmal schiefgehen, damit Schluss

ist.» «Und was tust du jetzt?» «Nichts, ich lass die Kinder machen. Wir haben fünf Engel, zwei Wirte und eine Wirtin, einen Esel, fünf Schafe, vier Hunde.»
Bei den Proben richten sie die Bühne ein, singen und machen Ohren für die Tiere. Kostüme bringen die Kinder selbst. Gespielt wird erst an der Aufführung. «Super», sagen die Kinder. «Ich kann ‹Jingle bells› auf der Geige», sagt ein Kind. «Bring sie mit!» «Und können wir Engelsflügel basteln?» «Klar.»

Die Schulweihnachtsfeier ist gut besucht. Der Vorhang öffnet sich zum Krippenspiel. Vorne am Bühnenrand liegen die Schafe und Hunde, im Dorf in der Mitte stehen die Wirtsleute, der Esel liegt etwas entfernt bei der Krippe. Und ganz hinten warten die Engel. Nichts

geschieht. «Es ist nichts los», sagt der Wirt im Mc-Donalds-T-Shirt. «Gar nichts!», pflichtet die Kollegin bei. «Was sollen wir machen?», fragt der dritte Wirt. «Warten.»
Sie warten. Auch die Tiere warten. Und die Zuschauer, bis ein Hund unter seinem Bauch eine Geige hervorzieht und anfängt «Jingle bells» zu spielen. Eine ganze Strophe. «Jetzt singen wir», sagt die Wirtin. «Zimmetstärn han i gärn ...», fängt sie an. Die Engel stimmen ein und singen mit; auch die Schafe und Hunde gehen auf allen Vieren ins Dorf. Die Hunde bellen und die Schafe blöken. «Jetzt ist Weihnachten», sagt ein Schaf. «Wollt ihr was zu essen?», fragt der Wirt mit der weissen Schürze. Alle setzen sich hin und blicken erwartungsvoll auf den Wirt. Weil die Flügel die Engel stören, streifen sie

sie ab und legen sie auf den Boden. Da ruft der Esel: «Seid ihr eigentlich blöd? Ihr vergesst ja die Krippe und das Kind.» «Au ja», sagt ein anderer, «und die Lieder, die wir geübt haben!» Alle stellen sich um die Krippe und dann singen sie «Hört der Engel helle Lieder» und «Das isch de Stärn vo Betlehem». Die Kinder strahlen und verbeugen sich vor dem Publikum, das jetzt wie wild zu klatschen beginnt.

21.
Dezember

22.

Dezember

er will nicht nur überleben / er will mehr / er will das leben nicht nur bestehen / er will mehr /

er will nicht nur glauben, was man so glaubt oder nicht glaubt / er will mehr /

er will nicht nur der sein, der er nun einmal ist / er will mehr – mehr wie meer wie ozean

Oskar Pfenninger

23.

Dezember

4. Advent

enn ich bin viele: unzählige Stimmen in mir,
zahllose Gedanken in meinem Kopf,
widersprüchliche Gefühle im Bauch.
Eins aber bist Du.
Meine Tage sind gezählt, begrenzt, dem Ende entgegeneilend.
Unendlich bist Du.

Du bist Gott, dass ich der Einheit, der Ewigkeit,
der Grenzenlosigkeit nachträume.
Du kamst zu uns, dass ich zu mir selbst komme.
Du wurdest Mensch, dass ich Mensch werde.

24. Dezember

Die Verkündung

Letzthin im Zug, direkt neben dir, das fröhliche Piepsen eines Handys, und du weisst, jetzt wirst du die Seite nicht in Ruhe zu Ende lesen können, du wirst mithören müssen, wo die Unterlagen im Büro gesucht werden sollten oder warum die Sitzung auf nächste Woche verschoben ist oder in welchem Restaurant man sich um 19 Uhr trifft.

Da zieht der junge Mann sein Apparätchen aus der Tasche, meldet sich und sagt dann laut: «Jä nei – Wänn? – Geschter znacht? – Und was isch es? – E Bueb? – So härzig! – 3 ½ Kilo? – Und wie gohts der Jeannette? – So schön! – Seisch ere ne Gruess, gäll! – Wie? – Oliver? ...»
Und wir alle, die wir in der Nähe sitzen und durch das Gespräch abgelenkt und gestört werden, sind gerührt, denn soeben haben wir die uralte Botschaft vernommen, dass uns ein Kind geboren wurde.

Franz Hohler

100 000 tolle Geschenkideen für die Festtage – toll!

24 250 Glühbirnen der Weihnachtsbeleuchtung – mindestens!

1 000 mal beteuert, dass es wirklich der Heilige Geist war – wirklich!

833 Menschen abgewiesen, weil kein Platz war in der Herberge – absolut!

256 Schafe gezählt und noch immer kein Schlaf – immer noch!

100

Maroni: ein Drittel faul, schimmlig, wurmig oder bis zur Unkenntlichkeit verbrannt – sapperlot!

69

unpassende Gedanken während der Weihnachtspredigt – stillschweigend!

50

Franken in den Kollektentopf gesteckt – gut gelaunt!

4

Lobgesänge in der Weihnachtsgeschichte nach Lukas – laut und deutlich!

2

lieben Freunden begegnet – glücklich!

1

Kind geboren – endlich!

Fragen eines lesenden Arbeiters

«Wer baute das siebentorige Theben? / In den Büchern stehen die Namen von Königen. / Haben die Könige die Felsbrocken herbeigeschleppt? [...] Der junge Alexander eroberte Indien. / Er allein? / Cäsar schlug die Gallier. / Hatte er nicht wenigstens einen Koch bei sich?»

Bertold Brecht

26.
Dezember

Frage eines lesenden Esels

Am Anfang hatte er die Schritte noch gezählt. Ja, auch Esel können zählen. Beim zehnten Schritt ärgerte er sich über diese Volkszählung, wegen der er nun bis nach Betlehem marschieren musste. Beim hundertsten Schritt wusste er, dass es ein heisser Tag werden würde. Beim dreitausendvierhundertsten Schritt wurde er durstig. Etliche hundert Schritte später rutschte er auf dem felsigen Grund beinah aus. Beim achttausendsiebenhundertelften Schritt fragte er sich – er hatte den Engel belauscht –, was ein Retter sei und ob dieser auch die Esel erlösen würde, von ihrer Last. Beim vierzigtausendsten Schritt (ungefährer Wert, er war zwischendurch kurz abgeschweift) dachte er: Jetzt nichts mehr denken, einfach zählen und den einen Huf vor den anderen setzen, vorsichtig und sorgfältig, damit die kostbare Last sicher ankommt. Tausend Schritte später blieb er stehen, er wollte eine Pause. Beim hunderttausendsten Schritt wünschte er sich, dass seine tragende Rolle in dieser Geschichte wenigstens im Evangelium erwähnt werden würde. Viele Schritte später kam er in Betlehem an. Er war müde und schlief sofort ein. Was dann noch geschah, verschlief er. Als er später das Evangelium las – ja, auch Esel können lesen – und darin kein Wort über seine Dienste fand, war er doch etwas verstimmt. Wenn auch nicht wirklich überrascht. Er hatte nämlich seinen Brecht gelesen. Und schrieb dessen Gedicht in Gedanken fort: «Frage eines lesenden Esels: Und Josef ging nach Betlehem. Er allein? Hatte er nicht wenigstens einen Esel dabei?»

Abzählreim

Eine Tanne, zwanzig Kerzen
Zweimal Streit und fünfmal herzen
Acht Geschenke, sieben Lieder
Vierzehn Engel mit Gefieder
In der Krippe eine Maus
Du bist raus.

27.
Dezember

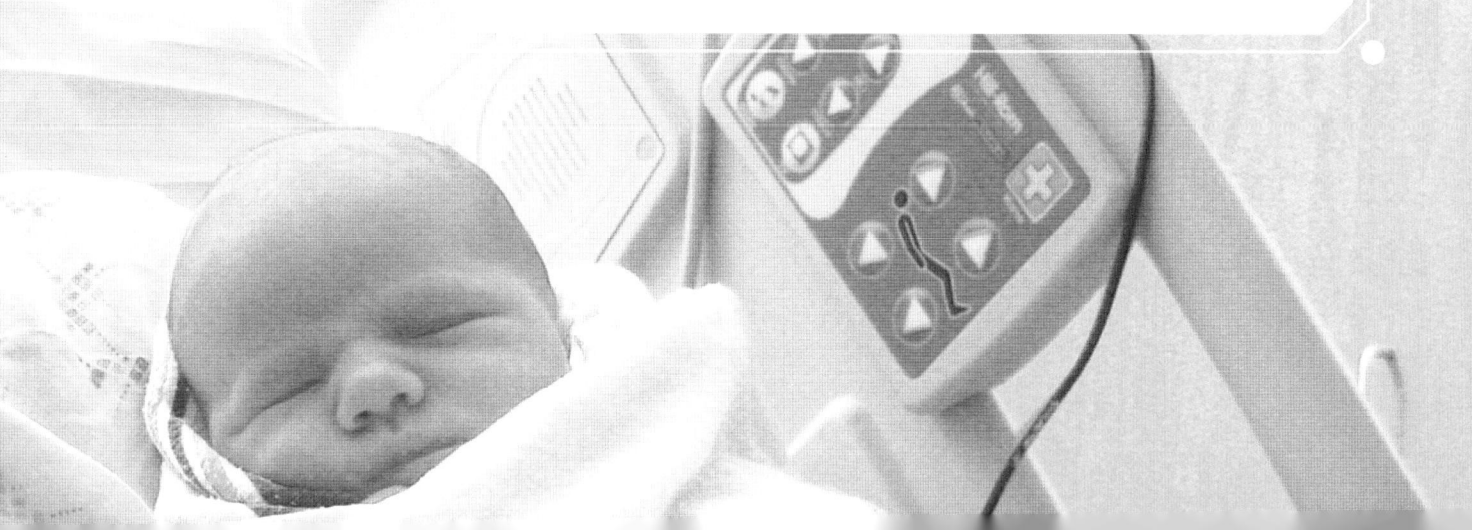

28.

Dezember

Jesus liegt in der Krippe.
Da beugt sich der erste König
über das Kind: Mädchen oder
Knabe?
Der zweite König tritt heran:
Wie gross ist er denn?
Der dritte König: Wie viel wiegt
er denn?
Der alte Hirte schlurft herein:
Das wievielte Kind ist es denn?
Der Hirtenjunge, der noch nicht
genau weiss, wann die Zähne
kommen: Wie viele Zähne hat
er denn?
Die Hirtin: Hat noch kein einzi-
ges Haar auf dem Kopf, was?
Maria sagt in die Stille hinein:
Hat schon zweimal getrunken.
Joseph verkündet stolz:
Er ist unser Erstes.

So ist das eben.

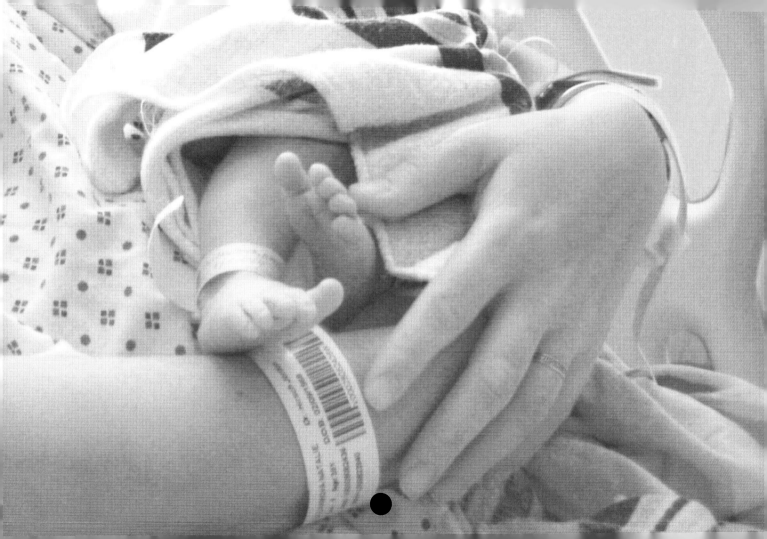

29.
Dezember

Engel zählen

*Da sagte der Engel zu ihnen: Fürchtet euch nicht!
Denn seht, ich verkündige euch grosse Freude, die
allem Volk widerfahren wird: Euch wurde heute der
Retter geboren, der Gesalbte, der Herr, in der Stadt
Davids. Und dies sei euch das Zeichen: Ihr werdet ein
neugeborenes Kind finden, das in Windeln gewickelt
ist und in einer Futterkrippe liegt. Und auf einmal
war bei dem Engel die ganze himmlische Heerschar ...*
(Lukas 2,10–13)

Zuerst also war da bloss ein Engel. Dann aber kam die ganze himmlische Heerschar dazu. Die ganze! Wie viele mögen das sein? Kann man sie zählen? Etwa im Jahr 500 hält es Pseudo-Dionysius Areopagita in seinem Buch über die Engel (De coelesti hierarchia; Über die himmlische Hierarchie) für bedenkenswert, «dass die Überlieferung der Schrift über die Zahl der Engel von tausend Tausenden und von Myriaden von Myriaden spricht, indem sie die höchsten unserer Zahlen wiederholt und multipliziert und dadurch deutlich zu verstehen gibt, dass die Ordnungen der himmlischen Wesen für uns nicht zählbar sind». Angelologen unterschiedlicher Couleur streiten dennoch über die Zahl der Engel. Grimms Wörterbuch meint bloss, es sei eine Schar von der Ausdehnung eines Heeres, eine grosse Menge eben. Andere befassen sich nicht mit der Anzahl, sondern freuen sich über den Versprecher, bei dem aus den «himmlischen Heerscharen» die «himmlischen Haarscheren» werden. Den Hirten aber ist die Zahl einerlei. Sie freuen sich einfach über die Botschaft:

... die ganze himmlische Heerschar, die lobten Gott und sprachen: Ehre sei Gott in der Höhe und Friede auf Erden unter den Menschen seines Wohlgefallens. (Lukas 2,13–14)

30.
Dezember

 tossgebet

fast alles werden wir wissen demnächst
werden fast alles tun und erklären können

und schwerlich wird einer noch sagen:
«in mir leuchtet was ich nicht weiss»

flächendeckend der fortschritt
fort denn wovon? fort jetzt wohin?

von allem zu viel und dennoch dürftig
vater des lichts! erbarme dich unser

Kurt Marti

Dezember

Eine Zahl ist eine Zahl. Sie gehört in das mathematische System. Wir können uns darüber streiten, ob sie eine Ansammlung, ein Begriff, eine Einheit oder eine Anzahl beschreibt. Aber wir können immer sagen, welche Zahl in der Reihe vorher kommt, welche Zahl nachher, jedenfalls bei den natürlichen Zahlen. Wir können von jeder Zahl ihr Vielfaches errechnen, sie für Formeln durch Buchstaben ersetzen. Zahlen bringen Ordnung und Klarheit ins Leben.

Aber kann jemand sagen, wann die Zahlen aufhören? Wo verschwinden sie in die Unendlichkeit? Und ist diese Unendlichkeit schon immer da? Ist die unendlich positive Zahl die gleiche wie die unendlich negative? Ist die Null die Mitte zweier gleich langer, unendlicher Zahlenreihen? Wie viel näher an unendlich ist welche Zahl? Und was kommt neben, nach, über oder gleichzeitig mit unendlich? Ist die Unendlichkeit in meiner Zahlenreihe die gleiche wie in deiner?

Die ordentliche Zahlenwelt weist in jedem Moment über sich selbst hinaus. Vor unseren Augen entwickelt sich ständig eine Himmelsleiter in die Unendlichkeit. Wir könnten ihr folgen und kämen doch nie an. Mit ein bisschen Übung finden wir im scheinbar rationellsten System der Welt Durchgänge in andere Welten.

1.

Januar

Drei Wünsche

Sind Tatsachen nicht quälend und langweilig?
Ist es nicht besser drei Wünsche zu haben
unter der Bedingung dass sie allen erfüllt werden?

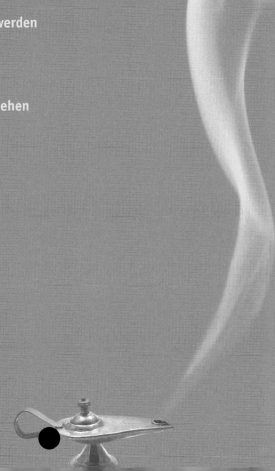

Ich wünsche **ein Leben ohne grosse Pausen**
in denen die **Wände nach Projektilen abgesucht werden**
ein Leben das **nicht heruntergeblättert wird**
     von **Kassierern.**
Ich wünsche **Briefe zu schreiben in denen ich**
     ganz enthalten bin –,
Ich wünsche **ein Buch in das ihr alle vorn hineingehen**
     und hinten herauskommen könnt.
Ich möchte **nicht vergessen dass es schöner ist**
dich zu lieben **als dich nicht zu lieben**

Nicolas Born

Vom Gewicht des Nichts

«Sag mir, was wiegt eine Schneeflocke?», fragte die Tannenmeise die Wildtaube.

«Nicht mehr als Nichts», gab sie zur Antwort.

«Dann muss ich dir eine wunderbare Geschichte erzählen», sagte die Meise.

«Ich sass auf dem Ast einer Fichte, dicht am Stamm, als es zu schneien anfing; nicht etwa heftig mit Sturmgebraus, nein, wie im Traum, lautlos und ohne Schwere. Da ich nichts Besseres zu tun hatte, zählte ich die Schneeflocken, die auf die Zweige und Nadeln meines Astes fielen und darauf hängenblieben. Genau drei Millionen siebenhunderteinundvierzigtausendneunhundertzweiundfünfzig waren es. Als die drei Millionen siebenhunderteinundvierzigtausendneunhundertdreiundfünfzigste Flocke niederfiel – nicht mehr als Nichts, wie du sagst –, brach der Ast ab.» Damit flog sie davon.

Die Taube, seit Noahs Zeiten eine Spezialistin in dieser Frage, sagte zu sich nach kurzem Nachdenken: «Vielleicht fehlt nur eines einzigen Menschen Stimme zum Frieden der Welt.»

Kurt Kauter

Drei

Drei Söhne haben die Märchenkönige
und die bürgerlichen Märchenväter drei Töchter.
Drei Wünsche werden gewährt
und dreimal darf man raten.

Drei wie Vater, Mutter, Kind;
gestern, heute, morgen;
Tag, Nacht und Tag;
Sonne, Mond und Sterne.

Der Erste macht etwas falsch.
Der Zweite wiederholt.
Der Dritte macht etwas Anderes.
Etwas Ungewöhnliches, Verrücktes.
Oder Vernünftiges.
Bei den Töchtern ist es
übrigens genauso.
Gelegentlich rettet die dritte
die grossen Schwestern.

Was auf den dritten Anlauf gelingt,
ist einmalig.

3.
Januar

Immer wenn ich mich sehr langweile, beginne ich Fenster, Möbel, allerlei Dinge in Fünfergruppen zu ordnen.

Vielleicht hab ich das von meiner Mutter. Sie kann, ganz im Gegensatz zu mir, gut rechnen. Sie hält sich überhaupt gerne an Zahlen fest, interessiert sich für Baujahre von Kirchen, Entfernungen in Kilometern, das Gewicht von Babys, während mir derartige Zahlen sofort durch das Gedächtnis rutschen. Ich erinnere mich eher an eine freche Grünkombination wie die der Linde mit dem Kupferdach des Kirchturms. Meine Mutter zählt in schlaflosen Nächten Schafe, ich sage mir Gedichte auf. Bei ihr liegen, seit es in jeder Zeitung Sudokus gibt, auch kaum mehr Kreuzworträtsel herum, obwohl sie das auch sehr gut konnte und immer wusste, was das ist: ein Tier mit sechs Buchstaben, der zweite ein L. Mama hat in den Bombennächten Wurzeln gezogen. Im Kopf, Wurzel aus 17, auf viele Kommastellen. An den Zahlen konnte sie sich auch da festhalten. Seit ich das weiss, ist meine leise Verachtung für den Zahlentick einer tiefen Achtung gewichen. Ich habe keine Bombennächte erlebt.

4.

Januar

5.
Januar

Der zwölfte König

Nein, es gab nicht bloss drei Könige. Diese drei sind zwar über-
liefert. Aber es gab auch den vierten König, von dem immerhin
eine Legende berichtet – er wurde aufgehalten, verteilte die mit-
gebrachten Geschenke für den Heiland an Bedürftige, trat anstelle
eines anderen dessen Galeerenstrafe an und sah Jesus erst bei der
Kreuzigung. Und auch diese vier sind beileibe nicht die einzigen.
Vom fünften ist zwar nichts bekannt. Aber der sechste soll zunächst
den Aufbruch verschlafen und dann einen vollen Terminkalender
gehabt haben. Der siebte hat sich, wie gemunkelt wird, unterwegs
verliebt und mochte die Oase nicht mehr verlassen, in der er dann
viele Jahre später alt und glücklich starb. Die Könige acht bis zehn
reisten so sehr inkognito, dass ihnen schliesslich niemand mehr
ihre Königswürde abnahm. Der elfte König kam tatsächlich bis vor
den Stall, zog es aber vor, heimlich zu Herodes zurückzukehren und
ihm Mitteilung zu machen – Schande über ihn und ewiges Vergessen! Die Geschichte des zwölften Königs ist die beste: Er wurde von
seinem Knecht ausgeraubt und ohne Nahrung zurückgelassen. Eine
Karawane fand ihn, verpflegte ihn und nahm ihn als Kameltreiber
in ihre Dienste. In Damaskus setzte er sich ab und arbeitete in der
Folge als Dolmetscher, Oasenwart und Weihrauch-Importeur. Da das
Königtum, das er zurückgelassen hatte, bei Tag besehen ein ziemlich schäbiges war – er war nicht viel mehr als der Ortsvorsteher

eines Kaffs im Niemandsland –, zog er es vor, in der Metropole Damaskus zu bleiben. Schliesslich hatte er sich überhaupt nur wegen des Abenteuers auf diese Reise in die weite Welt gemacht, die Sache mit dem Stern war ihm da gerade recht gekommen. Er gründete ein Handelshaus und wurde im Lauf der Jahre vermögend. Als ihn ein Bekannter mit Namen Ananias bat, einen Flüchtling, der die Stadt ungesehen verlassen musste, nachts aus seinem an der Stadtmauer gelegenen Haus ins Freie zu schaffen, sagte er sofort zu und liess ihn «in einem Korbe über die Mauer hinab» (wie eine Chronik später festhalten sollte, Apostelgeschichte 9,25). Wegen dieser beherzten Tat wurde er später – er hatte auf dem Sterbebett auf Drängen des Ananias den Glauben des mittlerweile berühmten Flüchtlings angenommen – heilig gesprochen, zum Patron der Fluchthelfer erklärt und auf allen Abbildungen mit einem grossen Weidenkorb dargestellt.

ie schön leuchtet der Morgenstern,
voll Gnad und Wahrheit von dem Herrn,
aus Juda aufgegangen.

«schön leuchtet der morgenstern»
fern
doch deutlich zu erkennen
wie du
geheimnisvolle gottheit
zu dir blicken wir auf
«hast mir mein herz umfangen»
«deiner wart ich mit verlangen»

der alltagsgang ist unterbrochen
was mich besetzt und bestimmt
ist eine spanne weit abgerückt
etwas ist anders als sonst

lass doch gott die änderung gründlich ausfallen
damit wir uns ausrichten
nach deinem heilenden willen

schütze die gefährdeten unter uns
die kranken die verletzten
die am rand
richte die entmutigten auf
tröste die bitteren
halte die verzweifelten
und die glücklichen mach dankbar

du der anfang
du das ziel
amen

6.

Januar

TEXTNACHWEISE

4.12.: Zitate aus: www.woerterbuchnetz.de/DWB

7.12.: Christian Morgenstern, Gedichte. Piper Verlag,
Frankfurt 1957.

11.12.: Adrian Portmann, zählen, in: Programmzeitung Basel,
Heft Januar 2010 (überarbeitete Fassung).

12.12.: Weisst du wie viel ... Lied 531, in: Gesangbuch der Evang.-ref. Kirchen der deutschsprachigen Schweiz. Friedrich Reinhardt Verlag Basel und
Theologischer Verlag Zürich, 1998.

13.12.: Siehe auch: www.spiegel.de/wisschenschaft/weltall

15.12.: Rainer Brambach, Leben, in: Ders., Gesammelte Gedichte.
© 2003 Diogenes Verlag AG Zürich.

19.12.: Rudolf Otto Wiemer, Die Unruh in der Uhr, in: Ders., Chance der
Bärenraupe. Ausgewählte Gedichte. F. H. Kerle Verlag, Freiburg/Heidelberg
1980. © Rudolf Otto Wiemer Erben, Hildesheim.

20.12.: Zit. aus: Dr. Ulrike Bail / Frank Crüsemann /
Marlene Crüsemann (Hg.), Bibel in gerechter Sprache.
© 2006, Gütersloher Verlagshaus, Gütersloh, in der Verlagsgruppe Random
House GmbH.

22.12.: Zit. aus: Oskar Pfenninger, Leo und Yo. Waldgut,
Frauenfeld 2011.

24.12.: Franz Hohler, Die Verkündung. © Franz Hohler

26.12.: Zit. aus: Bertold Brecht, Fragen eines lesenden Arbeiters, entstan-
den 1935, in: Ders., Gesammelte Werke, Band 9, Gedichte 2. Suhrkamp,
Frankfurt a. M. 1967.

29.12.: Zit. aus: Zürcher Bibel (2007) © 2007 Zürcher Bibel/Theologischer
Verlag Zürich.

30.12.: Kurt Marti, stossgebet, in: Ders., Zoé Zebra. Neue Gedichte.
© Nagel & Kimche im Carl Hanser Verlag, München 2004.

1.1.: Nicolas Born, Drei Wünsche, in: Ders., Gedichte, hg. von Katharina
Born. Mainzer Reihe. Neue Folge (Hg. von der Akademie der Wissenschaf-
ten und der Literatur, Mainz), Bd. 01. © Wallstein Verlag, Göttingen 2004.

2.1.: Kurt Kauter, Vom Gewicht des Nichts, in: Ders., Also sprach der
Marabu. Neue Fabeln. Greifenverlag, Rudolstadt 1973.

6.1.: Zit. aus: Wie schön leuchtet der Morgenstern. Lied 653, in: Gesangbuch der Evang.-ref. Kirchen der deutschsprachigen Schweiz. Friedrich
Reinhardt Verlag Basel und Theologischer Verlag Zürich, 1998.

Herausgeber und Verlag waren bemüht, alle nötigen Abdruckrechte
einzuholen. Sie bedanken sich für erteilte Copyrights und bitten darum,
gegebenenfalls solche, die nicht erhoben werden konnten, beim Theologi-
schen Verlag Zürich zu melden.

BILDNACHWEISE

Titelblatt: Darstellung der Heiligen Drei Könige an einem Gebäude in der Dreikönigstrasse in Schwetzingen, Deutschland.

3.12.: Meister der Osservanza: Geburt Marias mit Szenen aus dem Marienleben, ca. 1428–39. Museo d'Arte Sacra, Asciano, Italien.

10.12.: Fresken Benediktinerkloster Marienberg, 12. Jh. Vinschgau, Italien.

15.12.: Lithografie «Drei Bäume», Alexandre Calame (1810–64).

20.12.: Kupferstich König Salomon, Künstler unbekannt. Publiziert in «Magazin Pittoresque», Paris, 1842.

24.12.: Verkündung an die Hirten, Perikopenbuch Kaiser Heinrichs II., um 1007, Bayerische Staatsbibliothek München.

Illustration: Sarah Weishaupt
Grafik: VischerVettiger, Basel

REDAKTION

Annette Berner, Dorothee Dieterich

TEXTE UND TEXTAUSWAHL

Annette Berner, Administrative Leiterin Forum für Zeitfragen
8.12., 13.12., 18.12., 24.12.
Dorothee Dieterich, Studienleiterin Forum für Zeitfragen
3.12., 4.12., 5.12., 7.12., 15.12., 16.12., 19.12., 20.12., 21.12., 30.12., 3.1., 4.1.
Anja Kruysse, ehem. Leiterin Fachstelle Gender und Bildung der ERK BL
28.12., 31.12.
Agnes Leu, Studienleiterin Forum für Zeitfragen
9.12., 12.12., 2.1.
Monika Hungerbühler, Frauenstelle der RKK BS und Co-Leiterin Offene Kirche Elisabethen
10.12.
Luzius Müller, ref. Universitätspfarrer und Studienleiter Forum für Zeitfragen
6.12., 14.12., 17.12., 23.12., 25.12.
Adrian Portmann, Studienleiter Forum für Zeitfragen
2.12., 11.12., 26.12., 27.12., 29.12., 1.1., 5.1.
Hans-Adam Ritter, ehem. Studienleiter Forum für Zeitfragen
22.12., 6.1.

T V Z

FORUM
für zeitfragen
kurse, projekte, beratung der
reformierten kirche basel-stadt

Adventskalender vom 1. Adventssonntag 2012 bis zum Dreikönigstag 2013

Forum für Zeitfragen
Leonhardskirchplatz 11
Postfach
4001 Basel
Telefon: 061 264 92 00
Fax: 061 264 92 19
E-Mail: info@forumbasel.ch

TVZ
Theologischer Verlag Zürich
Badenerstrasse 73
Postfach
8026 Zürich
Telefon: 044 299 33 55
Fax: 044 299 33 58
E-Mail: tvz@ref.ch
ISBN: 978-3-290-17636-5

VischerVettiger, Basel
Sarah Weishaupt

AZ Druck und Datentechnik GmbH, Kempten